C.P.J. NORMAND

ARCHITECTE, DESSINATEUR ET GRAVEUR.
Ancien Pensionnaire de l'Académie de France à Rome

Né à Goyencourt (Somme) en 1765

Mort à Paris le 13 Fevrier 1840

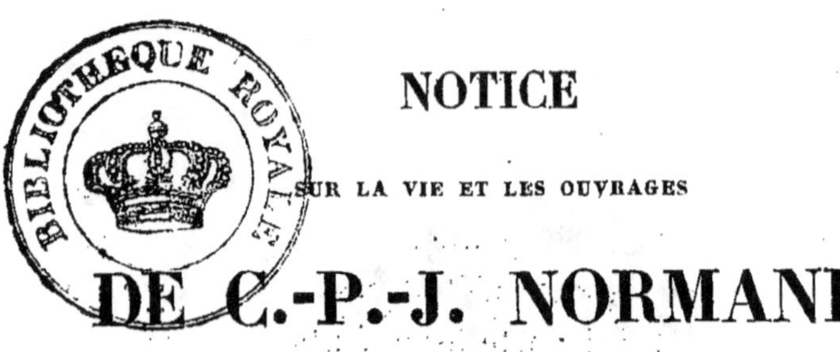

NOTICE

SUR LA VIE ET LES OUVRAGES

DE C.-P.-J. NORMAND,

ARCHITECTE, DESSINATEUR ET GRAVEUR,

Ancien pensionnaire de l'Académie de France à Rome.

Les hommes qui se sont le plus distingués dans les sciences, la littérature et les arts, sont ceux que des dispositions naturelles, développées par un concours de circonstances favorables, semblent avoir prédestiné à la gloire d'exceller dans une des branches des connaissances humaines. Plusieurs philosophes ont nié ces vocations en quelque sorte instinctives; l'exposé de la vie et des travaux de l'artiste sur lequel nous allons un instant appeler l'attention en ne faisant que rappeler nos souvenirs, ajoutera encore un exemple aux faits nombreux qui contredisent l'opinion de ces écrivains.

Charles-Pierre-Joseph Normand, naquit à Goyencourt, près Roye, département de la Somme, le 25 novembre 1765, de cultivateurs modestes et peu favorisés de la fortune. Un chanoine de la collégiale voisine dirigea sa première éducation jusqu'en 1773, année où désireux de faire donner

à son fils autant d'instruction que le lui permet-
taient ses moyens, son père l'envoya à Paris au
collége de Montaigu. Dans plus d'une occasion, le
jeune Normand avait manifesté son goût pour le
dessin ; cette tendance n'était pas, comme on le
verra, l'instinct qui porte les enfants à imiter tout
ce qui les frappe, c'était l'expression du sentiment des arts dont la nature l'avait doué. Arrivé
à Paris, où tout ce qui se présentait à sa vue exci-
tait son admiration, sa vocation ne fut pas un
moment douteuse ; au lieu de donner son attention aux leçons des professeurs qui lui enseignaient
les langues anciennes, il couvrait de dessins les
marges de ses cahiers de thèmes et de versions. Le
principal du collége s'en plaignit à l'oncle chargé
à Paris de lui tenir lieu de père , malgré les ré-
primandes, les croquades garnissaient toujours les
feuilles et papiers d'étude. Enfin, un jour de
Saint-Louis, Charles Normand ayant acheté pour
deux sous une façade d'église à l'un de ces mar-
chands d'estampes qui, ce jour là, avaient le
privilége d'étaler leur marchandise dans les Tui-
leries, il prit tant de plaisir à la copier, et la reproduction qu'il en fit fut si exacte, que de ce
jour il put donner un libre essor à son amour
pour les arts, car le supérieur de Montaigu,
émerveillé de l'intelligence qu'annonçait cette
copie faite par un enfant qui n'avait encore reçu
aucune leçon de dessin, obtint des parents du
jeune néophyte qu'il suivrait les cours de l'école

gratuite de dessin récemment créée. Charles Normand fut présenté à l'un des fondateurs de cet utile établissement, M. le vicomte d'Hautfort, qui l'accueillit avec bienveillance et le recommanda à M. Bachelier, peintre et directeur de l'école. Lorsqu'il fut question de décider à quelle profession se destinerait le jeune Normand, afin de diriger ses études en conséquence, il y eut un moment d'incertitude : la peinture, la sculpture, l'architecture, le décor avaient pour lui un même attrait. La copie de la façade d'église lui revint alors en mémoire, il la montra à M. Bachelier, qui le détermina à se prononcer pour l'architecture. Tout ne fut pas roses pour le nouvel aspirant aux faveurs des muses. Au lieu d'avoir à copier des fleurs, des animaux, des ornements, ou tout autre de ces objets qui ordinairement récréaient sa vue, il lui fallut tracer jusqu'à satiété des figures de géométrie. Il se disait parfois : « Que n'ai-je acheté pour mes deux sous, une image de saint ou un ornement? l'on m'eût destiné à la peinture ou à la sculpture ; je n'aurais pas aujourd'hui à supporter l'ennui que me coûtent les préliminaires de l'architecture ! » Mais les premières difficultés vaincues, l'élève marcha d'un pas rapide, et les nombreux prix trimestriels qu'il remporta en 1780, 1781 et 1782, témoignent de son aptitude et de ses progrès. Ce fut dans cette dernière année (1782), qu'il obtint le grand prix annuel d'architecture de l'école, prix qui couronnait et complétait ses études préparatoires. Au sortir de l'école gratuite, Charles Normand dut chercher à se perfectionner par un enseignement plus élevé. Il se mit d'abord sous la direction de M. Thierry, son professeur à l'école gratuite ; puis de l'atelier de cet architecte il passa dans celui de M. Gisors, ancien pensionnaire de l'Académie de France à Rome. Sous les auspices de cet habile artiste, Normand se fortifia dans la composition, cette partie de l'art qui, à elle seule, peut constituer l'homme supérieur : son goût s'épura, et bientôt il fut assez fort pour prendre rang parmi les quarante élèves de l'académie d'architecture. Ce fut sous les auspices de M. Antoine, architecte de l'Hôtel des Monnaies, que Normand se présenta à l'académie. Là il se distingua dans les concours auxquels il prit part. En 1790 , deux médailles lui furent décernées, l'une pour un projet de halle, l'autre pour un phare en forme de colonne rostrale (1) ; l'année suivante il obtint le second grand prix au concours spécial dont le programme était une *Galerie pour un palais de souverain*. On admire généralement dans son projet le grandiose de la composition, la perfection du rendu, l'exactitude et la pureté du dessin, qualités rares alors : enfin en 1792, il remporta le grand prix pour un *Projet de Marché public*. Ces deux derniers projets ont été gravés dans le Re-

(1) Voyez Landon, *Annales du Musée*, tome V, pl. 53.

cueil des grands prix d'architecture couronnés par l'Académie, publié par Détournel.

Rien n'aurait manqué à la félicité de Charles Normand, si comme les lauréats ses prédécesseurs, il avait pu profiter des avantages d'un séjour de cinq ans à Rome aux frais du gouvernement. Mais les événements qui bouleversèrent alors l'ordre social en France ayant fait prendre en horreur le nom français à Rome, où des menées révolutionnaires avaient été tentées par l'instigation du conventionel Anacharsis Clootz, l'école française des beaux-arts fut assaillie par le peuple; ses membres furent dispersés et obligés de fuir les poignards dirigés contre eux. Frustré ainsi de la récompense promise à ses veilles, et de l'espérance de connaître autrement que par les descriptions et les dessins d'autrui les monuments des arts qui rendent le séjour de l'Italie si délicieux aux artistes; obligé en outre, par cette circonstance, d'interrompre brusquement et peut-être pour toujours, se disait-il, le cours de ses études, afin de se créer un moyen prompt et efficace de satisfaire aux besoins de la vie, Charles Normand se sentit un moment absolument découragé. Il se voyait sans présent comme sans avenir, car à cette époque d'impitoyables démolisseurs rasaient les plus belles créations de l'architecture nationale, et l'on n'élevait guère de bâtisses propres à mettre en lumière les talents d'un artiste encore à son début ; d'ailleurs, alors comme aujourd'hui, sans capitaux, aucune spéculation architecturale n'était possible.

Telle était la situation de Charles Normand, lorsqu'un *ci-devant* (c'est ainsi qu'on qualifiait les nobles), faillit causer sa perte en voulant le servir; les attentions du protecteur attirèrent sur le protégé les regards des envieux, et bientôt il fallut que l'artiste allât chercher à Melun un refuge contre les mauvaises passions. Là, Charles Normand exécuta quelques travaux architectoniques, mais de trop peu d'importance pour pouvoir être cités. A plusieurs reprises, il avait essayé, par délassement, de graver au trait, à l'eau forte, quelques sujets d'architecture et d'ornement. Satisfait de plusieurs, et pensant qu'un jour ce genre pourrait lui servir d'auxiliaire pour mettre au jour ses propres pensées et le fruit de ses études, il tenta en 1801 de le mettre en faveur. Il débuta par un recueil d'ornements qu'édita le marchand d'estampes Joubert. Les amis des arts applaudirent a cette publication, qui décélait à la fois dans son auteur un homme de goût et de savoir, et un graveur maniant le burin avec autant de pureté et de souplesse que de bonheur. Dès ce moment, Charles Normand devenu le promoteur, nous pourrions dire le créateur d'un genre de gravure éminemment favorable à la reproduction des œuvres d'art qui ont la forme pour partie essentielle, fut l'âme d'une foule de publications importantes qui surgirent à la fois et se succédèrent comme par enchantement. Parmi les grands ouvrages de l'époque, qui lui durent en partie leur succès, nous citerons le *Pa-*

rallèle d'architecture, de Durand, les *Leçons d'architec-*
ture de ce professeur à l'école Polytechnique ; les
Annales du Musée, rédigées par Landon ; l'édition
française des *Antiquités d'Athènes* de Stuart et Re-
vilt, ouvrage dont la plus grande partie des planches est gravée par lui. Ce fut alors que MM. Percier et Fontaine, par le même procédé de gravure,
reproduisirent et publièrent une collection de
dessins levés par eux en Italie. Ces habiles artistes, empêchés par leurs nombreux travaux d'architecture de terminer la publication de cet ouvrage, et devant confier à un autre le soin de
l'achever, donnèrent à Charles Normand un té-
moignage bien flatteur d'estime et de confiance
en le choisissant pour interprète de leurs pensées,
c'est-à-dire pour traduire et mettre en lumière
les matériaux, esquissés à la hâte et restés pour
eux à l'état de souvenirs, avec lesquels ils se pro-
posaient de compléter leur travail. Dans cette
circonstance comme dans tant d'autres, Charles
Normand fut à la hauteur de l'entreprise, et
MM. Percier et Fontaine n'eurent qu'à se louer
de la manière dont leurs pensées avaient été com-
prises et exprimées.

Laborieux autant que modeste, Charles Normand eut part à tous les travaux de gravure,
d'architecture, de sculpture et de peinture de
l'époque : son œuvre de 1802 à 1815 ne se com-
pose pas de moins de 7,000 planches au trait, et
d'autant peut-être de dessins de son invention,

exécutés à la plume, soit pour les gravures sur métaux, soit pour les gravures sur pierre et sur bois, soit pour les orfévres, etc., etc.

La typographie française doit à Charles Normand, d'avoir, la première, enrichi ses éditions d'ornements de bon goût. C'est sur ses dessins que le fondeur Gillé, dés 1802, faisait exécuter par Besnard, Duplat, Bougon et autres, ces encadrements, vignettes, fleurons qui donnèrent le premier élan et amenèrent, à l'aide du graveur Thompson, nos éditions illustrées, aujourd'hui l'admiration de l'Europe. C'est encore sur les dessins composés par lui, que les graveurs de médailles, Andrieux et Galle, exécutèrent les deux billets de la Banque de France, et que Cornouailles grava ceux des banques de Rouen et de Bordeaux.

Lorsque sous l'empire il fut question de changer les patrons des cartes à jouer, dites républicaines, que Duplat, d'après les dessins de Dugour, avait gravées sur bois, Charles Normand prit part aux essais qui furent tentés ; d'abord il traça, d'après les dessins de David et de madame Mongez son élève, les cartes que le graveur Andrieux exécuta sur acier. Ces cartes furent trouvées maigres de composition, et les joueurs ne reconnaissaient plus le roi de trèfle *Alexandre* sous le costume romain ; *Argine* en dame romaine, *Lancelot*, le casque en tête et le bouclier au bras; le roi de cœur, *Charlemagne*, revêtu du costume gau-

lois. Cette tentative malheureuse qui coûta plus
de 40,000 fr. , fut suivie d'une autre qui n'eut
pas plus de succès, parce qu'il n'est donné à per-
sonne de changer brusquement des habitudes
perpétuées par une suite de générations. Charles
Normand fut appelé en troisième lieu à mettre la
main à l'œuvre. On lui donna pour programme,
comme à David, de conserver le costume romain
à *César*, le macédonien à *Alexandre*, le juif à *David*,
le gaulois à *Charlemagne*. Il devait, pour la masse,
se rapprocher autant que possible des cartes anciennes, tout en les débarrassant de ce qu'elles
présentaient de grotesque. C'est en 1801 que feu
Gatteaux père, graveur de médailles, exécuta la
gravure de ces nouveaux patrons restés en oubli.
La Restauration, à son tour, voulut avoir des
cartes à jouer ; cette fois ce ne fut plus la régie,
mais un particulier nommé Bigand qui s'en occupa. Toutes les figures appartenaient à l'histoire
de France, et étaient d'un style de dessin très-
élevé. C'était encore Charles Normand qui en avait
tracé les dessins, mais on trouva qu'elles avaient,
comme les précédentes, l'inconvénient de dérou-
ter les joueurs : on se décida donc à en revenir
aux anciennes cartes, en leur faisant subir de lé-
gères modifications : elle chargea de ce soin
Charles Normand, qui répondit à la confiance du
gouvernement. Ainsi le jeu de cartes en usage
aujourd'hui est celui qu'il retoucha, et que feu
Gatteaux père grava d'après ses dessins, et de cette

manière les types créés au quatorzième siècle par Gringenner se trouvèrent conservés.

Au milieu de ces travaux sans nombre, Charles Normand trouvait encore le temps de s'occuper d'architecture. Il prit part au concours ouvert en ventôse an VIII (mars 1800), à l'effet de fournir au gouvernement des modèles de colonnes à élever dans chaque chef-lieu de département, à la mémoire des défenseurs de la patrie, colonnes qui devaient être tout à la fois héroïques, funéraires et triomphales. Sur les dix projets seulement qui reçurent la sanction de la commission, Charles Normand obtint le prix d'exécution de celle qui devait être érigée à Melun. Le 14 ventôse an X (5 mars 1802), il obtint un prix de 2,000 fr., pour un projet d'*Arc de triomphe* pour la barrière de l'Étoile. L'année suivante il exposa pour son prix d'encouragement, le projet d'un *Monument propre à recevoir l'Institut national de France.*

Lors du mémorable concours où l'on s'occupa de transformer en *Temple à la gloire de l'armée* l'église de *la Magdeleine,* commencée sous Louis XVI, concours auquel prirent part quatre-vingt-douze architectes, Charles Normand, par modestie, s'abstint d'envoyer son projet. Mais si l'on en juge par la gravure qu'en a donnée Landon, dans le tome XIV, pl. 4, 5 et 6 de ses *Annales du Musée,* il eût pu être du nombre de ceux qui obtinrent un prix de 2,000 fr., tant les conditions du programme étaient heureusement remplies. Il n'y eut pas , on le sait , de prix d'exécution. Dans. ces temps d'effervescence , on se contentait de faire de nombreux appels aux artistes , de les mettre en émoi, laissant aux événements qui se succédaient avec une rapidité sans exemple, le soin de motiver l'ajournement ou la modification du projet sanctionné. Combien le monument de la Magdeleine n'a-t-il pas subi de transformations sur le papier et sur le terrain, avant d'être ce que nous le voyons aujourd'hui.

Quelque laborieuse, quelque honorable qu'ait été la période de la vie de Charles Normand que nous venons de parcourir (1795-1815), ce n'est cependant pas celle qui a le plus contribué à sa réputation, car elle a davantage répandu la connaissance des travaux des autres que des siens propres; mais ce fut celle qui s'écoula de 1815 à 1840, dans laquelle , sans cesser de répondre à l'appel des artistes et des éditeurs qui requéraient sa pointe savante et facile, il composa et grava ses divers ouvrages théoriques et pratiques qui ont rendu à l'architecture des services non moins signalés que ceux que rédigèrent dans le même but les Vignole, les Serlio, les Palladio, les Scamozzi et autres. Si l'on voulait continuer à énumérer l'œuvre gravée de Charles Normand, il faudrait consulter toutes les publications au trait de l'époque et ajouter aux ouvrages déjà mentionnés, le *Palais Massini*, publié par Haudebourt; le *Musée de sculpture* de Clarac; les *Souve-*

nirs du musée des monuments français, édités par Biet; la *Description de Paris et de ses monuments*, par Legrand et Landon ; la *Galerie mythologique* de Millin ; les *Vies et œuvres des peintres* de Landon ; le *Musée de Gand*, etc., etc., on arriverait alors à un chiffre qui dépasserait probablement dix mille planches.

Les ouvrages de Charles Normand se partagent en deux classes : l'une comprend ceux qu'il destinait à faciliter aux jeunes architectes, au moyen des parallèles qui en font saisir d'un coup d'œil les rapports et les divergences, le rapprochement des préceptes et des méthodes laissés par les maîtres de l'art ; l'autre, les recueils composés pour déterminer les proportions principales relatives des constructions architecturales que les tailleurs de pierre, lesmâçons, les menuisierset autres ouvriers en bâtiment peuvent être appelés à exécuter.

A la première classe appartiennent 1° son *Parallèle des ordres d'architecture*, dans lequel il a mis en regard, pour chacun des ordres, les modèles laissés par Vignole, Palladio, Scamozzi, Serlio et autres ; 2° son *Vignole des architectes et des élèves*, ou plutôt lauréats *en architecture*, car cet ouvrage est une savante épure de principes enseignés par Barozzi de Vignole, complétée par des additions relatives à l'ornementation des ordres, partie essentielle de l'art, et non dépourvue de difficultés réelles, même pour les artistes expérimentés, particulièrement eu égard soit à sa manière de relever les caissons de toutes formes employés dans l'ornementation des différentes voûtes, soit à la fixation des proportions relatives des galeries, des rotondes, etc., etc. Cet ouvrage est suivi d'un *Abrégé du tracé des ombres dans l'architecture*; 3° enfin, le *Parallèle des diverses méthodes de dessin de la perspective*, d'après les auteurs anciens et modernes. Ce dernier ouvrage complète la série des livres de haut enseignement composés par Charles Normand. Là, à l'aide de douze méthodes différentes qui y sont développées, il n'est pas d'artiste qui ne puisse apprendre de lui-même, à fond et sans autre secours, les règles de toute espèce de perspective.

Dans la seconde classe, nous rangerons le *Recueil varié de plans et de façades de maisons de ville et de campagne, et d'édifices publics et particuliers* qu'il publia en 1815, dans le dessein de venir en aide aux entrepreneurs de bâtiments éloignés des grandes villes, qui cherchent un guide auquel ils puissent se fier pour assurer leur marche incertaine. Telle est l'idée que fait naître l'inspection de l'ouvrage, car on y voit l'auteur s'appliquer à simplifier, à approprier à nos fortunes, à nos usages, à nos besoins, des motifs en réputation, épars sur les différents points du globe, et non à donner cours à ses propres inspirations. Son *Guide de l'ornementiste* nous paraît avoir été conçu dans le même esprit. Ce ne sont pas les créations, mais l'application à nos besoins d'or-

nements puisés aux meilleures sources, c'est-à-
dire chez les Grecs , les Romains, les artistes de
la renaissance, Charles Normand avait le sentiment trop éclairé, trop pur, pour admettre dans
son ouvrage ces formes bizarres et tourmentées,
empruntées à un siècle naguère justement honni,
et qu'un esprit de vertige introduit de nouveau
dans l'ornementation de nos meubles et de nos
habitations.

Vient ensuite son *Vignole des ouvriers,* création
neuve qui lui appartient en propre et dont le
mérite et l'utilité ne laissent plus aujourd'hui aucun
doute. Sous ce titre, Charles Normand a réuni
et le tracé des cinq ordres d'architecture par une
méthode simple et facile, et tous les enseignements de détail dont peut avoir besoin l'ouvrier
en bâtiment, pour donner à chaque objet une
forme, une proportion, un style en rapport avec
l'édifice qu'il bâtit, ou avec la partie à laquelle
il travaille. A ces enseignements qui préviennent
le manque de goût si souvent remarqué dans
les ouvrages abandonnés à des mains mal ap-
prises, Charles Normand a joint une foule de préceptes mis à la portée des intelligences peu développées, et au moyen desquels l'ouvrier peut
relever lui-même toute espèce de terrain aussi
bien que le plan d'une maison, et suivre tous les
détails d'une construction, depuis la coupe des
pierres, la maçonnerie, la charpente , la menui-
serie, la serrurerie et la couverture , jusqu'à la

distribution et la décoration intérieure d'un bâtiment. Ainsi son *Vignole des ouvriers* est un guide pratique complet, non moins estimable sous le rapport du goût que sous celui de la simplicité et de la clarté des méthodes. A l'instar de Vignole, qui, comme on sait, a basé son système des ordres et leurs proportions sur la comparaison d'édifices nombreux dont il a pris la moyenne, Charles Normand a résumé d'après des exemples avoués, les données générales qu'il érige en principes. Sans doute ces données sont contestables dans certains cas, mais on conviendra avec nous que Vignole lui même ne saurait être toujours suivi à la lettre, non plus que Gérard Audrun dans les proportions du corps humain. Palladio et Scamozzi, Raphaël et Rubens, pour avoir eu un sentiment différent sur une même chose, ont donné une proportion différente à un même ordre, à une même figure et n'en sont pas moins des maîtres qu'on peut suivre sans risquer de s'égarer. Charles Normand n'a pas prétendu guider, inspirer le génie, il était trop modeste pour cela; il a seulement voulu prévenir les erreurs d'un savoir incomplet. Cette modestie qui semblait faire le fond du caractère de Charles Normand, ne s'est jamais démentie pendant les quarante années (1799-1840), qu'il a fait partie du jury appelé à juger les concours de l'école d'architecture, on l'a toujours vu douter de ses propres lumières, tout en émettant les idées les plus sages et les mieux raisonnées sur les projets soumis à son examen. La vie d'un artiste étant toute dans ses ouvrages, nous terminerons cette notice en rappelant ici deux recueils de dessins, exécutés de sa main, qu'il se proposait de publier ; l'un a pour objet l'*OEuvre de Palladio*, l'autre, l'*OEuvre de Serlio* ; le texte qui accompagne chaque dessin est écrit de sa main.

Charles Normand a terminé sa carrière, à Paris, le **13** février **1840** : ses parents et ses amis auront toujours dans le cœur le souvenir de ses habitudes simples et paisibles, de son aversion pour l'intrigue, de son amour pour le travail, enfin de ses goûts champêtres, si bien en harmonie avec la sérénité de son âme ; n'essayons pas d'en offrir le tableau ; bornons-nous à dire que cet artiste si estimable, fut aussi constamment et essentiellement homme de bien. C'est à ce double égard qu'il sera regretté de tous ceux qui l'ont connu, et surtout d'une famille dont il était adoré, et au milieu de laquelle il s'est doucement éteint avec le calme qu'inspire une conscience pure et un cœur vertueux.

Paris.—Imprimerie de Ducessois, 55, quai des Grands-Augustins (près le Pont-Neuf).